PLATS du soir avec cookeo

LES PETITS LIVRES DE RECETTES

Moulinex

Séverine Augé
Photographies de Charly Deslandes

A ma fille Chérie à qui je souhaite un joyeux Anniversaire 24 ans de

Jamounette

La CUISINE de D&T...

Sommaire

Préparation Cuisson

Moulinex
cookeo+
BON APPETIT !
00:00
ok

La révolution dans votre cuisine avec le multicuiseur intelligent Cookeo.

Vous souhaitez cuisiner vos petits plats du soir maison, mais vous avez l'impression de ne pas en avoir le temps ni l'énergie ? Suivez le guide ! Des soupes complètes aux plats végétariens, en passant par les viandes et les poissons, découvrez 75 recettes variées et gourmandes, pour exploiter au mieux toutes les fonctionnalités de votre nouvel allié Cookeo et régaler votre famille au quotidien, sans prise de tête !

Ultra polyvalent grâce à ses 6 modes de cuisson, le Cookeo va vous permettre de varier vos repas et surtout de vous régaler au quotidien sans pour autant passer des heures derrière les fourneaux. Il vous permettra ainsi de cuire en mode vapeur, sous pression ou encore classique avec ses 3 niveaux de température : doux (mijoter), moyen et fort (dorer). Vous pourrez aussi réchauffer vos plats ou encore les maintenir au chaud jusqu'à 1 h 30 après la fin de cuisson.

Grâce à des recettes simples aux temps de cuisson courts, et regroupant des produits à la fois accessibles et variés, la cuisine du soir ne sera plus jamais synonyme de contrainte. Placez les ingrédients dans la cuve, programmez votre machine grâce à son écran intuitif que vous n'aurez aucun mal à apprivoiser, et démarrez la cuisson automatique sans vous soucier de la surveiller ! De plus, la fonction « départ différé » vous permettra de cuisiner en avance, en programmant le début de la cuisson de vos plats en fonction de votre emploi du temps. Il ne restera plus qu'à passer à table !

Avec Cookeo, cuisinez au quotidien des plats gourmands en économisant votre temps !

à table !

Soupes et salades

ingrédients

2 oignons

4 cm de gingembre

700 g de carottes

1 cube de bouillon de légumes

Le jus de 2 oranges

50 g de mélange de graines (lin, tournesol, courge, etc.)

4 c. à s. d'huile d'olive

SOUPE CAROTTE-GINGEMBRE-ORANGE

4 personnes

10 MIN

12 MIN

1. Dans le Cookeo sur le **mode dorer**, faites revenir dans l'huile les oignons émincés, le gingembre râpé et les carottes épluchées et coupées en rondelles.

2. Salez, poivrez puis ajoutez 75 cl d'eau et le cube de bouillon de légumes.

3. Lancez le **mode cuisson sous pression** pour 10 minutes puis mixez.

4. Ajoutez le jus des oranges et 1 pincée de graines diverses au moment de servir.

ingrédients

4 c. à s. d'huile d'olive

2 gousses d'ail

1 oignon

3 cm de curcuma

3 cm de gingembre frais

1 patate douce

3 carottes

200 g de courge

4 c. à s. de crème épaisse

GOLDEN SOUP

4 personnes

10 MIN

14 MIN

1. Dans le Cookeo sur le **mode dorer**, faites revenir avec l'huile l'ail haché et l'oignon émincé.

2. Ajoutez le curcuma et le gingembre pelés et râpés ainsi que les légumes épluchés et coupés en morceaux.

3. Lancez le **mode cuisson sous pression** pour 12 minutes. Mixez et ajoutez un trait de crème au moment de servir.

ingrédients

200 g de pommes de terre

1 laitue

1 oignon

2 cubes de bouillon de volaille

25 cl de crème liquide entière

40 g de beurre demi-sel

SOUPE VERY GREEN À LA LAITUE

4 personnes

10 MIN

15 MIN

1. Programmez le Cookeo sur le **mode dorer** et faites revenir l'oignon émincé dans le beurre fondu.

2. Ajoutez les pommes de terre pelées et coupées en morceaux, puis poursuivez la cuisson 5 minutes.

3. Ajoutez 1 litre d'eau, les cubes de bouillon et la laitue sans les côtes trop épaisses.

4. Lancez en **mode cuisson sous pression** pour 5 minutes puis mixez avec la crème.

Astuce : *pour une soupe encore plus onctueuse, utilisez de la crème épaisse entière.*

ingrédients

2 grosses betteraves cuites

200 g de pommes de terre

2 cubes de bouillon de légumes

125 g de ricotta

Graines germées

SOUPE BETTERAVE-RICOTTA

4 personnes

5 MIN

10 MIN

1. Placez dans la cuve du Cookeo les betteraves et les pommes de terre pelées et coupées en morceaux.

2. Ajoutez les cubes de bouillon et 1 litre d'eau.

3. Programmez le Cookeo sur le **mode cuisson sous pression** pour 10 minutes.

4. Mixez l'ensemble, assaisonnez et servez avec un peu de ricotta émiettée et quelques graines germées.

ok

ingrédients

2 échalotes

50 g de beurre demi-sel

300 g de pousses d'épinard

1 cube de bouillon de légumes

3 avocats, pelés et dénoyautés

SOUPE ÉPINARD-AVOCAT

4 personnes

5 MIN

8 MIN

1. Programmez le Cookeo sur le **mode dorer** et faites revenir les échalotes émincées dans le beurre. Après 2 minutes, ajoutez les épinards nettoyés et faites-les tomber (réduire et cuire).

2. Versez 60 cl d'eau et ajoutez le cube de bouillon puis lancez en **mode cuisson sous pression** pour 3 minutes.

3. Mixez avec la chair des avocats et assaisonnez avec du sel et du poivre.

Astuce : *pour aller plus vite, vous pouvez utiliser des pousses d'épinard en sachet déjà nettoyées.*

SOUPE CHOU-FLEUR, YAOURT ET HERBES

4 personnes

10 MIN

12 MIN

Ingrédients

1 oignon
60 g de beurre demi-sel

1 chou-fleur

2 pommes de terre moyennes

1 cube de bouillon de légumes

Thym frais

2 yaourts entiers

Menthe fraîche

Aneth frais

Coriandre fraîche

1. Programmez le Cookeo sur le **mode dorer** et faites revenir l'oignon émincé dans le beurre pendant 2 minutes. Déposez le chou-fleur détaillé en bouquets dans la cuve avec les pommes de terre pelées et coupées en morceaux.

2. Versez 50 cl d'eau, le cube de bouillon et le thym puis lancez en **mode cuisson sous pression** pour 10 minutes.

3. Mixez en retirant une partie de l'eau de cuisson puis assaisonnez avec le sel et le poivre. Ajoutez les yaourts.

4. Servez avec les herbes fraîchement hachées.

Astuce : *en été, cette soupe sera un délice en version froide.*

ingrédients

100 g de bacon en tranches

1 c. à s. d'huile d'olive

1 oignon

600 g de maïs égoutté

1 cube de bouillon de volaille

Thym frais

20 cl de crème épaisse

SOUPE MAÏS ET BACON

4 personnes

5 MIN

12 MIN

1. Programmez le Cookeo sur le **mode dorer** et faites griller les morceaux de bacon dans l'huile. Débarrassez-les sur du papier absorbant.

2. Faites revenir l'oignon ciselé puis ajoutez le maïs et couvrez avec 75 cl d'eau. Ajoutez le cube de bouillon et quelques brins de thym.

3. Lancez le **mode cuisson sous pression** pour 10 minutes.

4. Retirez les brins de thym et mixez avec la crème.

5. Assaisonnez et servez avec quelques morceaux de bacon croustillants.

BOUILLON
DE CREVETTES

4 personnes

5 MIN

10 MIN

ingrédients

3 c. à s. d'huile d'olive

2 échalotes

4 cm de gingembre frais

3 c. à s. de pâte de curry rouge

5 cl de sauce soja

15 cl de lait de coco

2 cubes de bouillon de légumes

150 g de nouilles de riz

300 g de crevettes cuites

2 poignées de pousses d'épinard

1 citron vert

2 oignons nouveaux

1. Dans le Cookeo sur le **mode dorer**, faites revenir dans l'huile les échalotes ciselées avec le gingembre râpé et la pâte de curry.

2. Versez la sauce soja, le lait de coco et, après 1 minute, complétez avec 1,2 litre d'eau et les cubes de bouillon.

3. Plongez les nouilles dans le bouillon et laissez mijoter selon le temps indiqué sur le paquet puis plongez les crevettes et les pousses d'épinard.

4. Programmez le **mode cuisson sous pression** pour 1 minute puis servez avec un quartier de citron vert et parsemez les oignons nouveaux ciselés.

Astuce : *pour un bouillon plus onctueux, remplacez le lait par de la crème de coco.*

ingrédients

500 g de viande d'agneau hachée

2 tomates

200 g de pois chiches cuits

1 c. à soupe d'épices pour tajine

1 bouquet de coriandre

1 branche de céleri

2 gousses d'ail

1 oignon

4 c. à s. de concentré de tomate

3 c. à s. d'huile d'olive

Menthe

SOUPE CHORBA

4 personnes

10 MIN

8 MIN

1. Dans le Cookeo sur le **mode dorer**, faites revenir l'ail et l'oignon hachés dans l'huile puis ajoutez la viande.

2. Ajoutez le céleri émincé, le concentré de tomate, les tomates coupées en cubes, les pois chiches égouttés ainsi que les tiges du bouquet de coriandre.

3. Assaisonnez avec les épices, du sel et du poivre, puis versez 1,5 litre d'eau.

4. Lancez le **mode cuisson sous pression** pour 5 minutes puis retirez les tiges de coriandre et servez avec la menthe hachée.

Astuce : *il est possible de remplacer l'agneau par du veau.*

SOUPE ALFREDO
AUX GNOCCHIS

4 personnes

5 MIN

13 MIN

ingrédients

1 petit paquet
de gnocchis à poêler
60 g de beurre

1 oignon
1 gousse d'ail

2 carottes

200 g de petits pois
30 g de farine

60 cl de lait
40 cl d'eau
1 cube de bouillon
de volaille

1. Enclenchez le Cookeo sur le **mode dorer** et faites revenir les gnocchis dans 30 g de beurre. Après 3 à 4 minutes, vérifiez la cuisson et réservez.

2. Faites fondre le reste de beurre et versez l'oignon ciselé, l'ail haché, les carottes coupées en petits morceaux et les petits pois dans la cuve du Cookeo. Après 4 minutes, saupoudrez la farine puis incorporez petit à petit le lait et l'eau mélangés.

3. Ajoutez le cube émietté de bouillon et remettez les gnocchis dans la cuve. Placez sur le **mode maintien au chaud** pour 5 minutes puis servez bien chaud.

Astuce : *pour une soupe encore plus onctueuse, ajoutez 25 cl de crème liquide.*

ingrédients

2 brocolis
10 cl de vinaigre
150 g de sucre

30 g de cranberries

200 g de feta

1 citron bio

150 g de quinoa trio

SALADE BROCOLI, QUINOA, FETA ET CITRON

4 personnes

10 MIN

11 MIN

1. Détaillez les bouquets des brocolis et déposez-les dans le panier-vapeur. Versez 20 cl d'eau dans la cuve et lancez le **mode cuisson sous pression** pour 3 minutes. Plongez les brocolis dans l'eau froide pour les refroidir.

2. Retirez au couteau l'écorce du tronc des brocolis pour ne garder que la partie la plus tendre, puis émincez-la en tranches. Versez le vinaigre, le sucre et 30 cl d'eau dans la cuve du Cookeo, et programmez le **mode dorer**. Portez à ébullition et plongez les tranches dans le mélange pendant 3 minutes. Réservez dans la marinade.

3. Coupez la feta en cubes et râpez les zestes du citron. Placez le quinoa dans la cuve et couvrez d'eau puis lancez le **mode cuisson sous pression** pour 5 minutes.

4. Réunissez l'ensemble des ingrédients dans un récipient, ajoutez les cranberries et assaisonnez avec un peu de marinade au vinaigre.

SALADE CHAUDE DE POMMES DE TERRE

4 personnes

15 MIN

17 MIN

ingrédients

8 œufs

800 g de pommes de terre grenailles

4 c. à s. + 9 c. à s. d'huile d'olive

2 gousses d'ail

3 c. à s. de moutarde à l'ancienne

4 c. à s. de vinaigre de cidre

1 oignon rouge

Une dizaine de cornichons

Cerfeuil

1. Versez 25 cl d'eau dans la cuve du Cookeo puis faites cuire les œufs pendant 4 minutes sur le **mode cuisson sous pression**. Plongez les œufs durs dans l'eau froide pour interrompre la cuisson.

2. Lancez le Cookeo sur le **mode dorer** et faites revenir les pommes de terre coupées en deux dans 4 cuillerées à soupe d'huile, avec l'ail haché. Après 10 minutes, versez 15 cl d'eau dans la cuve et lancez le **mode cuisson sous pression** pour 3 minutes.

3. Réalisez la vinaigrette en mélangeant la moutarde, le vinaigre et 9 cuillerées à soupe d'huile avec l'oignon et les cornichons hachés.

4. Écalez les œufs et hachez-les. Mélangez-les aux pommes de terre et à la vinaigrette. Ajoutez un peu de cerfeuil haché au moment de servir.

ingrédients

40 g de beurre

2 poires fermes

Une vingtaine de radis roses

4 endives

1/2 radis noir

2 c. à s. de vinaigre de cidre

1 c. à s. de miel

5 c. à s. d'huile de colza

100 g de roquefort

40 g de cerneaux de noix

SALADE D'ENDIVES AUX POIRES, RADIS ET FROMAGE BLEU

4 personnes

10 MIN

5 MIN

1. Programmez le Cookeo sur le **mode dorer**. Faites fondre le beurre et colorez les quartiers de poires.

2. Ajoutez les radis roses lavés et poursuivez la cuisson pendant 2 à 3 minutes. Salez et poivrez puis débarrassez.

3. Émincez les endives, lavez et coupez le radis noir en lamelles, puis réalisez la vinaigrette en mélangeant le vinaigre, le miel et l'huile.

4. Concassez les noix au couteau et émiettez le roquefort.

5. Mélangez l'ensemble des ingrédients pour réaliser la salade.

ingrédients

300 g de crevettes roses décortiquées
2 c. à s. de miel

4 c. à s. de sauce soja
Le jus de 1 citron vert
Le jus de 1/2 orange

200 g de pois gourmands

100 g de fèves
2 c. à s. d'huile d'olive

1 sachet de pousses d'épinard
2 pamplemousses roses
2 avocats

SALADE AVOCAT, PAMPLEMOUSSE ET CREVETTE

4 personnes

10 MIN

5 MIN

1. Faites mariner les crevettes dans un mélange de miel, sauce soja, jus de citron et jus d'orange additionné de 1 pincée de sel.

2. Placez les pois gourmands et les fèves dans le panier-vapeur et versez 20 cl d'eau dans la cuve. Lancez le **mode cuisson sous pression** pour 4 minutes puis plongez les légumes dans un saladier d'eau froide.

3. Programmez le Cookeo sur le **mode dorer** et faites chauffer l'huile. Ajoutez les crevettes puis débarrassez.

4. Mélangez les légumes égouttés avec les crevettes, les pousses d'épinard, les quartiers de 1 pamplemousse et les avocats coupés en cubes.

5. Assaisonnez avec un filet d'huile, du sel, du poivre et le jus du pamplemousse restant.

ingrédients

400 g de calamars nettoyés
4 c. à s. de sauce sweet chili

4 c. à s. de sauce soja
2 c. à s. de cassonade
2 gousses d'ail
5 c. à s. de coulis de tomate
2 c. à s. d'huile d'olive
1 oignon

2 carottes

2 poivrons (rouge et vert)

Coriandre fraîche
Sésame doré

SALADE CHAUDE DE CALAMARS

4 personnes

10 MIN

8 MIN

1. Détaillez les calamars en morceaux et faites-les mariner au moins 5 minutes dans un mélange de sauce sweet chili, de sauce soja, de cassonade, d'ail haché et de coulis de tomate.

2. Programmez le Cookeo sur le **mode dorer** et faites chauffer l'huile d'olive. Faites revenir l'oignon émincé, les carottes coupées en petits morceaux et les poivrons coupés en lanières.

3. Après 5 minutes de cuisson, ajoutez les calamars et la marinade, mélangez et lancez en **mode cuisson sous pression** pour 3 minutes.

4. Servez parsemé de quelques feuilles de coriandre et de sésame doré.

Moulinex

Viandes et volailles

ingrédients

400 g de tofu soyeux
4 gousses d'ail

3 cm de gingembre frais
2 c. à s. d'huile de tournesol

200 g de bœuf à griller

200 g de haricots rouges
2 c. à s. de cassonade
6 c. à s. de concentré de tomate

2 c. à s. de sriracha
2 c. à s. de sauce soja
1 cube de bouillon de poule
Poivre de Sichuan
3 cébettes

SAUTÉ DE BŒUF
AUX HARICOTS ET TOFU

4 personnes

5 MIN

8 MIN

1. Versez 40 cl d'eau avec 1 pincée de sel dans la cuve du Cookeo et faites chauffer sur le **mode dorer**. À la fin du préchauffage, versez l'eau sur le tofu découpé en cubes et laissez tremper pour le rendre moins cassant.

2. Toujours sur le **mode dorer**, faites revenir l'ail haché et le gingembre râpé dans l'huile chaude.

3. Ajoutez la viande coupée en petits morceaux et faites revenir pendant 3 minutes puis ajoutez les haricots égouttés et rincés ainsi que tous les autres ingrédients à l'exception des cébettes. Complétez avec 40 cl d'eau.

4. Lancez en **mode cuisson sous pression** pour 3 minutes puis ajoutez le tofu égoutté et mélangez délicatement. Servez avec les cébettes ciselées.

Astuces : *vous pouvez remplacer les cébettes par le vert de l'oignon nouveau, plus simple à trouver. Le poivre de Sichuan est très aromatique, il donne un goût particulier à cette recette inspirée d'un plat typique de cette région de Chine, le mapo tofu.*

ingrédients

600 g de rumsteck
3 c. à s. d'huile d'olive

3 gousses d'ail

2 brocolis
4 c. à s. de cassonade

6 c. à s. de sauce soja

1/2 cube de bouillon de bœuf
3 c. à s. de fécule de maïs

MIJOTÉ D'ÉMINCÉ DE BŒUF AU BROCOLI

4 personnes

5 MIN

13 MIN

1. Programmez le Cookeo sur le **mode dorer** et faites colorer la viande coupée en lamelles épaisses dans la moitié de l'huile. Assaisonnez bien et réservez.

2. Versez le reste d'huile dans la cuve du Cookeo et faites-y revenir pendant 2 minutes l'ail haché avec les brocolis détaillés en bouquets.

3. Ajoutez la cassonade, la sauce soja, le cube de bouillon et 30 cl d'eau mélangés avec la fécule. Lancez le **mode cuisson sous pression** pour 5 minutes.

4. Remettez la viande dans le Cookeo et passez en **mode réchauffage** pour 3 minutes avant de servir.

ingrédients

500 g de carottes fanes

1 oignon

4 c. à s. d'huile d'olive

Thym

800 g de paleron de bœuf

3 c. à s. de farine

20 cl de jus d'orange

1 cube de bouillon de bœuf

Persil frais

BŒUF-CAROTTES AU JUS D'ORANGE

4 personnes

5 MIN

33 MIN

1. Programmez le Cookeo sur le **mode dorer** et faites revenir les carottes et l'oignon émincé dans 1 cuillerée à soupe d'huile avec un peu de thym.

2. Après 3 minutes de cuisson, retirez les carottes et versez le reste d'huile. Faites colorer la viande sur tous les côtés pendant 5 minutes.

3. Saupoudrez la farine et mélangez. Replacez les carottes dans la cuve et versez le jus d'orange ainsi que 25 cl d'eau, et déposez le bouillon de bœuf.

4. Lancez le **mode cuisson sous pression** pour 25 minutes et servez avec un peu de persil haché.

BŒUF BRAISÉ
À LA BIÈRE

4 personnes

5 MIN

32 MIN

ingrédients

700 g de bœuf
à braiser
3 c. à s. d'huile de tournesol

Une dizaine d'oignons
grelots

3 carottes
2 c. à s. de farine

50 cl de bière

1 cube de bouillon
de bœuf

Romarin frais

1. Programmez le Cookeo sur le **mode dorer** et faites colorer le bœuf coupé en morceaux sur tous les côtés dans l'huile chaude. Débarrassez après 5 minutes et faites revenir les oignons coupés en deux et les carottes coupées en morceaux.

2. Remettez la viande dans la cuve, saupoudrez le tout de farine et mélangez. Versez la bière et ajoutez le cube de bouillon ainsi que le romarin.

3. Lancez le **mode sous pression** pour 25 minutes.

Astuce : *servez le bœuf à la bière avec une purée de patate douce, par exemple. Pour la cuisson des patates douces, il suffit de suivre les indications préenregistrées dans le Cookeo et de mixer.*

Maredsous

ingrédients

800 g de paleron
de bœuf

2 blancs de poireau

4 carottes

2 oignons

2 navets

8 pommes de terre
moyennes

4 c. à s. d'huile d'olive

1 bouquet garni

5 clous de girofle

2 cubes de bouillon
de bœuf

POT-AU-FEU EXPRESS

4 personnes

5 MIN

40 MIN

1. Coupez la viande en cubes de taille moyenne.

2. Lavez les poireaux et épluchez le reste des légumes, puis coupez-les en gros tronçons. Laissez les pommes de terre entières.

3. Programmez le Cookeo sur le **mode dorer** et faites chauffer l'huile. Colorez la viande pendant 5 minutes sur tous les côtés.

4. Ajoutez les légumes, le bouquet garni et les clous de girofle, couvrez d'eau puis ajoutez les cubes de bouillon. Lancez le **mode cuisson sous pression** pour 35 minutes.

ingrédients

400 g de viande de bœuf hachée

250 g de quinoa

2 oignons

3 gousses d'ail

3 carottes

2 poivrons rouges

3 c. à s. d'huile d'olive

1 c. à s. d'origan sec

1 c. à s. de cumin

400 g de tomates concassées

200 g de maïs cuit

300 g de haricots rouges cuits

4 c. à s. de crème épaisse

Coriandre

1 citron vert

CHILI CON CARNE ET QUINOA

4 personnes

5 MIN

17 MIN

1. Versez le quinoa dans la cuve du Cookeo, couvrez d'eau et lancez en **mode cuisson sous pression** pour 5 minutes.

2. Épluchez et coupez les légumes finement.

3. Programmez le Cookeo sur le **mode dorer** et faites revenir dans l'huile les oignons ciselés, l'ail haché et la viande. Quand la viande est cuite, ajoutez les carottes et les poivrons coupés en dés puis l'origan et le cumin.

4. Après 2 minutes de cuisson, ajoutez le reste des ingrédients à l'exception de la crème, de la coriandre et du citron. Complétez avec 25 cl d'eau et lancez le **mode cuisson sous pression** pour 10 minutes.

5. Servez le chili avec le quinoa, la coriandre, un quartier de citron vert et 1 cuillerée à soupe de crème.

PAVÉ DE BŒUF SAIGNANT, SAUCE AU BLEU

4 personnes

10 MIN

20 MIN

ingrédients

4 pavés de bœuf

500 g de champignons de Paris

100 g d'épinards

4 c. à s. d'huile de tournesol

250 g de bleu d'Auvergne

25 cl de crème liquide entière

30 g de beurre

60 g de noix de Grenoble

1. Lavez les légumes, équeutez les épinards et coupez en quatre les champignons. Programmez le Cookeo sur le **mode dorer** et faites sauter les champignons dans l'huile pendant 5 minutes. Ajoutez les épinards, salez et versez 15 cl d'eau. Lancez le **mode cuisson sous pression** pour 3 minutes.

2. Débarrassez et nettoyez la cuve. Lancez le **mode cuisson** et faites fondre le fromage émietté dans la crème puis réservez.

3. Nettoyez la cuve et lancez le **mode cuisson**. Faites colorer les pavés sur les deux côtés dans le beurre chaud.

4. Servez le bœuf avec la sauce au bleu, les légumes et quelques noix hachées.

Astuce : *pour gagner du temps, vous pouvez utiliser des pousses d'épinard déjà lavées et des champignons tranchés comme on peut trouver en grande surface.*

BŒUF AUX CERISES ET POLENTA

4 personnes

5 MIN

35 MIN

ingrédients

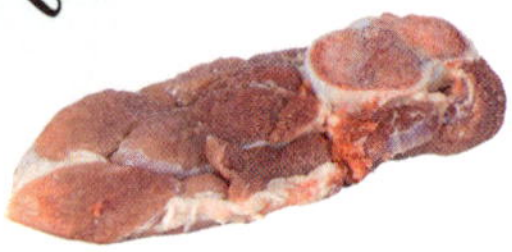

600 g de paleron de bœuf

3 échalotes

3 c. à s. d'huile de tournesol

3 c. à s. de farine

25 cl de vin rouge

10 cl de vinaigre balsamique

400 g de cerises noires dénoyautées congelées

1/2 cube de jus de bœuf

1 l de lait

50 g de beurre demi-sel

200 g de polenta instantanée

1. Programmez le Cookeo sur le **mode dorer** et faites revenir les échalotes ciselées dans l'huile. Ajoutez la viande coupée en cubes de taille moyenne et faites-la colorer pendant 3 minutes sur tous les côtés.

2. Ajoutez la farine, mélangez et déglacez au vin rouge puis versez le vinaigre, les cerises et le jus de bœuf. Versez 20 cl d'eau et lancez en **mode cuisson sous pression** pour 25 minutes.

3. À la fin de la cuisson, réservez le bœuf et nettoyez la cuve du Cookeo.

4. Versez la polenta, le lait et déposez le beurre dans la cuve. Mélangez à la spatule et lancez en **mode cuisson sous pression** pour 8 minutes. Servez la polenta avec le bœuf.

Astuce : *pour une version plus chic, ajoutez quelques gouttes d'huile de truffe dans le lait chaud de la polenta. Vous pouvez aussi remplacer les cerises par des mûres ou des prunes.*

ingrédients

200 g de chair à saucisse

200 g de veau haché

25 g de chapelure

1 œuf

1 oignon

1 c. à c. de muscade moulue

3 c. à s. d'huile de tournesol

Une douzaine de champignons de Paris

2 c. à s. de fécule de maïs

1/4 de cube de bouillon de volaille

25 cl de crème liquide

1 citron

Aneth frais

Poivre

BOULETTES DE VIANDE À LA SUÉDOISE

4 personnes

10 MIN

6 MIN

1. Mélangez les viandes avec la chapelure, l'œuf, l'oignon ciselé et la muscade puis poivrez bien. Humidifiez vos mains et formez de grosses boulettes.

2. Enclenchez le Cookeo sur le **mode dorer** et faites colorer les boulettes dans l'huile chaude pendant 3 minutes environ.

3. Ajoutez les champignons coupés en quatre puis 30 cl d'eau mélangés à la fécule ainsi que le cube de bouillon. Lancez le **mode cuisson sous pression** de 3 minutes.

4. Ajoutez la crème et servez avec du citron et de l'aneth.

OK

MOUSSAKA
BŒUF ET AGNEAU

4 personnes

5 MIN

20 MIN

ingrédients

2 aubergines
40 g de beurre
40 g de farine
50 cl de lait

400 g de boeuf haché

300 g d'agneau haché

50 cl de coulis de tomate

1 oignon
1 c. à soupe de sucre en poudre
Parmesan

Basilic frais

1. Lavez et coupez l'aubergine en rondelles épaisses. Placez-les dans le panier-vapeur du Cookeo, puis versez 20 cl d'eau dans la cuve. Lancez le **mode cuisson sous pression** pour 5 minutes.

2. Débarrassez la cuve puis programmez le Cookeo sur le **mode dorer**. Faites fondre le beurre, puis ajoutez la farine et mélangez. Incorporez petit à petit le lait pour réalisez une béchamel. Assaisonnez et réservez.

3. Toujours sur le **mode dorer**, faites rissoler l'oignon ciselé dans l'huile. Ajoutez le bœuf et l'agneau haché et faites revenir quelques minutes.

4. Versez le coulis de tomate et le sucre, puis lancez le **mode cuisson sous pression** pour 5 minutes.

5. Disposez dans le fond d'un plat une couche d'aubergines, puis une couche de viande et recouvrez de béchamel. Répétez l'opération jusqu'à épuisement des ingrédients, et terminez par un peu de parmesan râpé et de basilic ciselé.

ingrédients

300 g de petits pois
50 g de beurre demi-sel
10 cl de crème épaisse
3 c. à s. d'huile d'olive

1 oignon rouge
2 gousses d'ail

2 c. à c. de cumin moulu
1 c. à c. de harissa
4 c. à s. de chapelure

750 g de viande d'agneau hachée
2 œufs

Menthe fraîche
Coriandre fraîche
35 cl de coulis de tomate
200 g de fromage frais

BOULETTES D'AGNEAU
ET PURÉE DE PETITS POIS

4 personnes

5 MIN

15 MIN

1. Placez les petits pois avec le beurre, 1 pincée de sel et 15 cl d'eau dans la cuve du Cookeo. Programmez le **mode cuisson sous pression** pour 8 minutes. Mixez en ajoutant la crème pour réaliser une purée.

2. Programmez le Cookeo sur le **mode dorer** et faites revenir dans 1 cuillerée à soupe d'huile l'oignon ciselé et l'ail haché avant d'ajouter le cumin, la harissa et la chapelure pour former une pâte.

3. Versez la pâte dans un saladier et ajoutez la viande, les œufs battus et quelques feuilles de menthe et de coriandre hachées. Assaisonnez avec le sel et le poivre, puis formez une vingtaine de boulettes.

4. Disposez-les dans la cuve du Cookeo et ajoutez le coulis de tomate. Lancez le **mode cuisson sous pression** pour 5 minutes. Servez les boulettes avec la purée de petits pois et le fromage frais puis saupoudrez les herbes fraîches restantes.

Astuce : *vous pouvez remplacer l'agneau par de la viande de veau ou de bœuf.*

CHOU FARCI

4 personnes

5 MIN

25 MIN

ingrédients

1 chou vert frisé

1 c. à c. de bicarbonate de sodium

600 g de farce type chair à saucisse

2 échalotes

Persil frais

1 œuf

250 g de riz complet

1. Choisissez 8 belles feuilles de chou et faites-les cuire pendant 7 minutes en **mode cuisson sous pression** avec 20 cl d'eau et le bicarbonate.

2. Mélangez la chair à saucisse avec les échalotes ciselées, l'œuf battu et un peu de persil haché. Rafraîchissez les feuilles dans un saladier d'eau froide puis égouttez-les sur un torchon propre.

3. Placez le riz complet dans le Cookeo et couvrez d'eau puis lancez le **mode cuisson sous pression** pour la moitié du temps indiqué sur le paquet.

4. Formez les choux farcis : retirez les côtes trop dures des feuilles de chou puis déposez une partie de la farce sur les feuilles et refermez délicatement. Placez-les dans le panier-vapeur recouvert de papier cuisson et versez 20 cl d'eau dans le Cookeo. Enclenchez le **mode cuisson sous pression** de 10 minutes.

CURRYWURST
ET POMMES DE TERRE CONFITES

4 personnes

5 MIN

20 MIN

ingrédients

800 g de pommes de terre à peau rouge
2 gousses d'ail
Thym frais
Origan frais
10 cl d'huile d'olive
15 cl de vin blanc
20 cl de Coca-Cola® (ou autre cola)

3 c. à s. de compote de pomme liquide

1 c. à s. de curry en poudre
1 c. à s. de sauce Worcestershire
Le jus de 1/2 citron

20 cl de ketchup

8 saucisses de Strasbourg fumées

1. Lavez et coupez les pommes de terre en morceaux de taille moyenne. Mélangez-les dans un saladier avec l'ail haché, les aromates, l'huile, 1 pincée de sel et 1 pincée de poivre.

2. Enclenchez le Cookeo sur le **mode dorer** et faites griller les pommes de terre pendant 10 minutes en mélangeant de temps en temps. Ajoutez 15 cl de vin blanc et lancez le **mode cuisson sous pression** pour 3 minutes.

3. Débarrassez les pommes de terre cuites et nettoyez la cuve du Cookeo.

4. Versez tous les ingrédients de la sauce dans le Cookeo puis portez à ébullition sur le **mode dorer**. Ajoutez les saucisses coupées en morceaux puis lancez le **mode réchauffage** pour 5 minutes avant de servir.

ingrédients

4 côtes de porc sans os

4 c. à s. de miel

2 c. à s. de sauce sriracha

2 c. à s. de vinaigre balsamique

1,5 c. à s. de sauce soja

Le jus de 1 citron vert

200 g de riz basmati

2 carottes

2 concombres

1 poignée de noix de cajou

Coriandre fraîche

Menthe fraîche

4 c. à s. de nuoc-mâm

2 c. à s. d'huile d'olive

PORC LAQUÉ ET CRUDITÉS SAUCE THAÏE

4 personnes

10 MIN

20 MIN

1. Mélangez le miel, la sauce sriracha, le vinaigre et la sauce soja avec la moitié du jus de citron. Enrobez les côtes de porc avec cette marinade.

2. Faites cuire le riz au Cookeo en suivant les indications préenregistrées du **menu ingrédients**.

3. Taillez les carottes en fins bâtonnets et les concombres en cubes, puis hachez les noix. Ajoutez quelques feuilles de menthe et de coriandre, le reste du jus de citron et le nuoc-mâm.

4. Programmez le Cookeo sur le **mode dorer** et faites griller les côtes pendant 3 minutes de chaque côté. Servez la viande tranchée sur le riz avec la salade carotte-concombre.

Astuce : vous pouvez mettre les côtes à mariner la veille pour une viande plus tendre et savoureuse. Si vous n'avez pas de sauce sriracha, n'importe quelle sauce pimentée fera l'affaire !

ingrédients

200 g de nouilles japonaises

400 g de porc haché
2 gousses d'ail

4 cm de gingembre frais
4 c. à s. d'huile de tournesol

2 aubergines

5 c. à s. de sauce soja
1/2 cube de bouillon de poulet

3 c. à s. de sirop d'agave
2 c. à s. de fécule de maïs
2 oignons nouveaux

NOUILLES AUX AUBERGINES ET PORC CONFIT

4 personnes

10 MIN

14 MIN

1. Versez les nouilles dans la cuve du Cookeo et couvrez d'eau. Lancez le **mode cuisson sous pression** pour 4 minutes puis gardez les nouilles dans un saladier d'eau tiède pour éviter qu'elles ne collent entre elles.

2. Enclenchez le Cookeo sur le **mode dorer** et faites revenir le porc, l'ail haché et le gingembre râpé dans l'huile.

3. Ajoutez les aubergines coupées en cubes, la sauce soja, le cube de bouillon et le sirop d'agave. Diluez la fécule dans 25 cl d'eau et ajoutez au reste.

4. Lancez en **mode cuisson sous pression** pour 5 minutes puis ajoutez les nouilles et passez en **mode réchauffage** pour 3 minutes. Servez avec les oignons nouveaux fraîchement ciselés.

ingrédients

200 g de quinoa
3 c. à s. d'huile d'olive

200 g de pois gourmands
1 oignon
3 cm de gingembre

800 g de porc à mijoter

2 poivrons (rouge et vert)

2 c. à s. de pâte de curry

40 cl de lait de coco
Coriandre
Citron vert

CURRY DE PORC, POIS GOURMANDS ET QUINOA

4 personnes

10 MIN

20 MIN

1. Placez le quinoa dans la cuve, couvrez-le d'eau et lancez le **mode cuisson sous pression** pour 5 minutes. Débarrassez la cuve et réservez.

2. Placez les pois gourmands dans le panier du Cookeo, versez 20 cl d'eau et lancez le **mode cuisson sous pression** pour 3 minutes.

3. Programmez le **mode dorer** et faites colorer le porc coupé en gros cubes dans l'huile. Ajoutez l'oignon ciselé, le gingembre râpé et les poivrons coupés en petits dés.

4. Au bout de 3 minutes, ajoutez la pâte de curry et le lait de coco. Complétez avec 20 cl d'eau et lancez le **mode cuisson sous pression** pour 25 min.

5. Ajoutez les pois gourmands et passez en **mode maintien au chaud** pour 5 minutes. Servez avec le quinoa, de la coriandre ciselée et des quartiers de citron vert.

RIZ CANTONAIS

4 personnes

5 MIN

15 MIN

ingrédients

250 g de riz

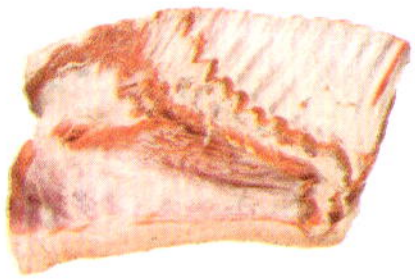

200 g de poitrine de porc

1 oignon

2 carottes

200 g de petits pois écossés

6 c. à s. de sauce soja

2 œufs

3 c. à s. d'huile de tournesol

1. Commencez par faire cuire le riz selon les indications préenregistrées dans le Cookeo pour un riz classique. Couvrez le riz complet de plus de 1 cm d'eau et lancez le **mode sous pression** pour la moitié du temps indiqué sur le paquet.

2. Programmez le Cookeo sur le **mode dorer** et faites revenir dans l'huile la poitrine de porc coupée en cubes, l'oignon ciselé, les carottes coupées en petits morceaux et les petits pois.

3. Après 2 minutes de cuisson, ajoutez le riz et la sauce soja puis faites revenir pendant 5 minutes.

4. Regroupez le riz d'un côté de la cuve et, de l'autre, déposez les œufs cassés. Brouillez-les sans trop les mélanger puis incorporez-les au reste quand ils ne sont plus baveux.

Astuce : *le mieux pour réaliser cette recette est d'utiliser un riz cuit la veille, donc si vous avez des restes, n'hésitez pas !*

ingrédients

1/2 chou vert frisé
1 oignon

3 carottes
1 c. à c. de bicarbonate de sodium
4 clous de girofle
1/2 cube de bouillon de légumes

35 g de beurre demi-sel
40 cl de lait
35 g de farine

90 g de parmesan râpé

100 g de viande des Grisons

CHOU VERT
À LA CRÈME ET VIANDE DES GRISONS

4 personnes

10 MIN

10 MIN

1. Détachez les feuilles de chou puis retirez les côtes et taillez en deux les plus grandes. Épluchez et coupez finement l'oignon et les carottes.

2. Déposez tous les légumes dans la cuve du Cookeo et ajoutez 50 cl d'eau, le bicarbonate, les clous de girofle et le demi-cube de bouillon de légumes, puis programmez le **mode cuisson sous pression** pour 5 minutes. Égouttez et débarrassez les légumes.

3. Programmez le Cookeo sur le **mode cuisson** et faites fondre le beurre. Ajoutez la farine en une fois puis incorporez le lait petit à petit tout en mélangeant pour éviter les grumeaux. Terminez avec le parmesan et assaisonnez avec du sel et du poivre.

4. Servez les légumes avec quelques lamelles de viande des Grisons et la crème au parmesan.

Astuce : *le bicarbonate de sodium permet d'éviter les odeurs désagréables de chou cuit.*

ingrédients

100 g de bacon tranché

8 biscottes
1 c. à s. d'huile d'olive

1 kg de patates douces

4 gousses d'ail

1 l de lait
30 g de beurre

100 g de comté

GRATIN DAUPHINOIS À LA PATATE DOUCE ET BACON

4 personnes

10 MIN

10 MIN

1. Lancez le Cookeo sur le **mode dorer**. Faites revenir le bacon haché et les biscottes réduites en miettes épaisses dans l'huile puis, quand tout est bien coloré, égouttez sur une feuille de papier absorbant.

2. Disposez dans la cuve des couches de patate douce en rondelles. Ajoutez l'ail haché puis couvrez avec le lait et le beurre. Lancez en **mode cuisson sous pression** pour 8 minutes.

3. Servez en saupoudrant la chapelure de biscotte et le bacon grillé puis ajoutez quelques lamelles de comté.

Astuce : *pour un rendu encore plus proche du gratin classique, terminez de gratiner votre plat au four.*

ingrédients

2 gousses d'ail
3 c. à s. d'huile d'olive

200 g de courge

4 carottes

1 poivron vert

1 branche de céleri

300 g de lentilles vertes

1 cube de bouillon de légumes

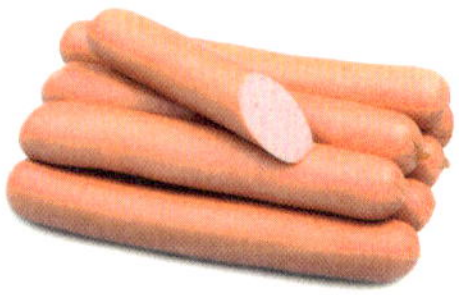

4 saucisses de Toulouse

1 c. à c. de coriandre en grains

1 c. à s. de cumin moulu

CARI DE SAUCISSES FUMÉES, LENTILLES VERTES ET CAROTTES

4 personnes

5 MIN

30 MIN

1. Programmez le Cookeo sur le **mode dorer** et faites revenir l'ail haché dans l'huile. Ajoutez les légumes coupés en petits morceaux et faites suer pendant 3 minutes.

2. Ajoutez le reste des ingrédients, complétez avec 60 cl d'eau et lancez le **mode cuisson sous pression** pour 15 minutes.

Astuce : *en saison, n'hésitez pas à ajouter 1 c. à c. d'origan frais à cette recette.*

ingrédients

3 c. à s. d'huile d'olive

8 tranches de bacon

250 g de poulet

400 g de haricots rouges cuits

20 cl de coulis de tomate

1/2 cube de bouillon de légumes

1 petit piment vert ou du Tabasco®

1 avocat

2 sucrines

4 tortillas de maïs

1 morceau de mimolette

Menthe fraîche

Coriandre fraîche

2 citrons verts

TACOS DE POULET AUX HARICOTS ROUGES

4 personnes

10 MIN

15 MIN

1. Enclenchez le Cookeo sur le **mode dorer** et faites revenir dans l'huile le bacon coupé en lamelles et le poulet finement haché au couteau.

2. Après 5 minutes de cuisson, ajoutez les haricots égouttés, le coulis de tomate, le cube de bouillon, quelques gouttes de Tabasco® ou le piment entier. Complétez avec 15 cl d'eau, puis lancez le **mode cuisson sous pression** pour 10 minutes.

3. Pendant ce temps, écrasez l'avocat en purée avec un peu de sel et de poivre puis émincez les sucrines.

4. Montez les tacos : étalez la purée d'avocat sur les tortillas puis garnissez de préparation aux haricots rouges et répartissez un peu de sucrine, de mimolette et d'herbes fraîches. Servez avec du citron vert.

ingrédients

200 g de riz complet

4 filets de poulet

1 gros ananas

4 poivrons
(rouges et verts)

6 c. à s. d'huile de tournesol

2 gousses d'ail

50 g de fécule de maïs

3 œufs

4 c. à s. de sirop d'agave
ou de miel

2 c. à s. de sauce soja
sucrée ou teriyaki

POULET AIGRE-DOUX À L'ANANAS ET RIZ COMPLET

4 personnes

10 MIN

20 MIN

1. Placez le riz dans la cuve du Cookeo, couvrez-le d'un peu plus de 1 cm d'eau et lancez le **mode cuisson sous pression** pour la moitié du temps indiqué sur le paquet.

2. Coupez le poulet en cubes et assaisonnez-le. Pelez et taillez l'ananas et les poivrons en cubes de même taille.

3. Quand le riz est cuit, nettoyez la cuve du Cookeo et enclenchez le **mode dorer**. Faites revenir dans la moitié de l'huile l'ail haché, les poivrons et l'ananas. Après 5 minutes de cuisson, débarrassez.

4. Versez le reste d'huile et faites revenir dedans les morceaux de poulet passés préalablement dans la fécule puis dans l'œuf.

5. Après 2 minutes de cuisson, ajoutez les poivrons et l'ananas cuits puis ajoutez le sirop et la sauce soja. Poursuivez la cuisson pendant quelques minutes et servez avec le riz cuit.

BOWL POULET SATAY, CONCOMBRE ET CAROTTE

4 personnes

10 MIN

15 MIN

ingrédients

300 g de riz basmati
6 c. à s. d'huile
+ pour l'assaisonnement

2 gousses d'ail

2 échalotes

4 cm de gingembre

6 c. à s. de sauce soja

200 g de beurre
de cacahuète sucré

4 blancs de poulet

1 petit concombre

2 carottes

50 g de pousses de soja

1 sachet de pousses
d'épinard

Le jus de 1/2 citron vert

50 g de cacahuètes

Coriandre fraîche

1. Faites cuire le riz selon les indications préenregistrées dans le Cookeo.

2. Programmez le **mode dorer** et faites suer dans l'huile les gousses d'ail hachées, les échalotes ciselées et le gingembre râpé. Ajoutez le soja, le beurre de cacahuète et 25 cl d'eau. Déposez le poulet coupé en morceaux et faites cuire pendant 4 minutes en **mode cuisson sous pression**.

3. Coupez les concombres en cubes et râpez les carottes. Ajoutez les pousses puis assaisonnez avec le jus de citron vert, un peu d'huile d'olive, du sel et du poivre.

4. Dressez le riz dans 4 bols puis répartissez harmonieusement les crudités et le poulet. Terminez avec quelques cacahuètes et de la coriandre.

Astuce : *vous pouvez également ajouter 20 cl de lait de coco dans la sauce satay pour plus de gourmandise.*

ingrédients

200 g de riz basmati

4 filets de poulet

2 yaourts à la grecque

1 c. à s. de mélange d'épices indiennes

Le jus de 2 citrons verts

5 cm de gingembre frais

4 c. à s. d'huile d'olive

2 gousses d'ail

1 oignon

10 cl de coulis de tomate

20 cl de crème épaisse

POULET
TIKKA MASSALA AU CITRON VERT

4 personnes

5 MIN

15 MIN

1. Faites cuire le riz selon les indications préenregistrées dans le Cookeo.

2. Coupez les filets de poulet en gros cubes et mettez-les à mariner avec les yaourts, les épices, le jus de citron, le gingembre râpé et la moitié de l'huile.

3. Quand le riz est cuit, débarrassez-le et programmez le Cookeo sur le **mode dorer**.

4. Faites revenir dans le reste d'huile l'ail et l'oignon ciselés. Ajoutez le poulet avec toute la marinade et complétez avec le coulis de tomate et la crème. Lancez le **mode cuisson sous pression** pour 4 minutes et servez avec le riz.

ingrédients

4 hauts de cuisse de poulet

1 oignon

2 gousses d'ail

250 g de champignons de Paris

1 carotte

1 poivron rouge

25 cl de vin rouge

35 cl de coulis de tomate

60 g d'olives noires

1 feuille de laurier

Basilic

Huile d'olive

POULET À LA CACCIATORE

4 personnes

10 MIN

20 MIN

1. Dans le Cookeo sur le **mode dorer**, faites colorer les morceaux de poulet pendant 5 minutes dans un peu d'huile d'olive chaude puis réservez.

2. Ajoutez l'oignon ciselé et l'ail haché, puis les champignons coupés en quatre, la carotte et le poivron coupés en dés.

3. Après 5 minutes, versez le vin et replacez le poulet dans la cuve. Ajoutez le coulis de tomate, les olives et la feuille de laurier puis assaisonnez.

4. Lancez le **mode dorer** pour 10 minutes et servez avec quelques feuilles de basilic.

Astuce : *cette recette est idéale avec des pâtes pour un repas complet.*

ingrédients

4 c. à s. d'huile de tournesol

1 oignon ciselé

2 gousses d'ail

1 c. à c. de coriandre moulue

2 c. à c. de cannelle moulue

8 c. à s. de raisins blonds

4 c. à s. de beurre de cacahuète

1 cube de bouillon de volaille

60 g de chocolat noir pâtissier

4 escalopes de dinde

4 épis de maïs précuits

Coriandre fraîche

DINDE À LA MEXICAINE ET MAÏS

4 personnes

5 MIN

15 MIN

1. Programmez le Cookeo sur le **mode dorer** et faites suer dans la moitié de l'huile l'oignon ciselé et l'ail haché. Ajoutez les épices, les raisins, le beurre de cacahuète et faites revenir rapidement.

2. Versez 40 cl d'eau et le cube de bouillon puis lancez le **mode cuisson sous pression** pour 5 minutes. Ajoutez le chocolat haché et mélangez bien pour faire épaissir.

3. Réservez la sauce puis enclenchez le **mode dorer**. Versez le reste d'huile dans la cuve et colorez les escalopes de dinde et le maïs coupé en morceaux pendant 5 minutes.

4. Servez les escalopes nappées de sauce avec un peu de coriandre.

Astuce : *vous pouvez ajouter 1 pincée de flocons de piment dans la sauce et servir avec quelques tortillas pour un vrai voyage au Mexique !*

PRADEL
INOX

ingrédients

4 à 5 cuisses de canard confites

600 g de pommes de terre

2 échalotes

2 carottes

Persil frais

60 g de beurre demi-sel

15 cl de crème liquide entière

Chapelure

CANARD CONFIT COMME UN PARMENTIER

4 personnes

5 MIN

25 MIN

1. Dans le Cookeo en **mode réchauffage**, faites chauffer les cuisses de canard dans la graisse. Après 5 minutes, réservez les cuisses et 3 c. à soupe de gras. Jetez le surplus.

2. Versez 20 cl d'eau dans la cuve et disposez les pommes de terre pelées et coupées en morceaux dans le panier-vapeur. Lancez le **mode cuisson sous pression** pour 14 minutes.

3. Ciselez les échalotes et coupez finement les carottes. Hachez quelques brins de persil puis effilochez les cuisses de canard en retirant la peau. Passez les pommes de terre au presse-purée puis ajoutez le beurre et la crème pour réaliser un écrasé.

4. Lancez le Cookeo sur le **mode dorer** et faites suer dans 2 cuillerées à café de graisse de canard les carottes et les échalotes. Quand les légumes sont tendres, ajoutez la viande et le persil. Servez sous la forme d'un parmentier avec un peu de chapelure sur le dessus.

ingrédients

3 cuisses de lapin
75 g de beurre
2 gousses d'ail

2 carottes

2 échalotes
4 c. à s. de farine

40 cl de vin rouge

10 cl de coulis de tomate
1/2 cube de bouillon de volaille
Romarin frais

400 g de pappardelles
Persil frais

PAPPARDELLES AU MIJOTÉ DE LAPIN

4 personnes

5 MIN

25 MIN

1. Préchauffez le Cookeo sur le **mode dorer** et faites colorer les cuisses de lapin dans le beurre moussant. Après 3 minutes, débarrassez et ajoutez l'ail écrasé en chemise, les carottes coupées en petits cubes et les échalotes ciselées.

2. Replacez les cuisses de lapin dans la cuve et saupoudrez sur l'ensemble la farine. Versez le vin puis ajoutez 20 cl d'eau et le reste des ingrédients à l'exception des pâtes et du persil. Lancez le **mode cuisson sous pression** pour 15 minutes.

3. Débarrassez le mijoté de lapin et versez les pappardelles dans la cuve. Couvrez d'eau et lancez le **mode cuisson sous pression** pour la moitié du temps indiqué sur le paquet.

4. Pendant ce temps, effilochez les cuisses de lapin. Servez les pâtes avec la sauce au lapin et quelques pluches de persil.

Astuce : pour trouver des pappardelles, regardez au rayon frais des grandes surfaces.

Poissons et fruits de mer

ingrédients

600 g de filet de lingue
20 g de beurre

2 carottes

300 g de pommes de terre rattes
1,5 l de fumet de poisson

Une dizaine de champignons de Paris

1 courgette
1/2 sachet de court-bouillon
1 c. à s. de curry en poudre

Coriandre fraîche
25 cl de crème liquide entière

BLANQUETTE DE POISSON À LA CORIANDRE

4 personnes

5 MIN

15 MIN

1. Nettoyez les légumes, coupez les carottes en rondelles, la courgette en gros dés, les pommes de terre en deux et les champignons en quatre.

2. Dans la cuve du Cookeo sur le **mode dorer**, faites fondre le beurre puis faites colorer les tronçons de poisson. Réservez.

3. Versez dans la cuve les carottes et les pommes de terre puis ajoutez le fumet, le court-bouillon, le curry et quelques tiges de coriandre. Lancez le **mode cuisson sous pression** pour 5 minutes. Ajoutez les courgettes, les champignons et le poisson puis prolongez la cuisson de 5 minutes.

4. Retirez les tiges de coriandre puis ajoutez la crème liquide et mélangez la blanquette. Ajoutez quelques feuilles de coriandre au moment de servir.

Astuce : *si vous ne trouvez pas de lingue, remplacez-la par du cabillaud, de la lotte ou tout autre poisson blanc à chair ferme.*

ingrédients

600 g de pommes de terre

600 g de colin

1 citron bio

1 citron vert bio

Baies roses

Aneth frais + pour le dressage

150 g de fromage blanc

100 g de beurre demi-sel

COLIN VAPEUR AU CITRON ET BAIES, ÉCRASÉ DE POMMES DE TERRE

4 personnes

5 MIN

18 MIN

1. Placez les pommes de terre pelées et coupées en morceaux dans la cuve du Cookeo. Versez 20 cl d'eau et enclenchez le **mode cuisson sous pression** pour 14 minutes.

2. Pendant ce temps, coupez le colin en morceaux et assaisonnez-le de zestes des citrons jaune et vert, de baies roses, de sel et de poivre. Placez le colin dans le panier-vapeur du Cookeo recouvert de papier cuisson et versez 20 cl d'eau dans la cuve. Lancez le **mode cuisson sous pression** pour 4 minutes.

3. Mélangez l'aneth avec le fromage blanc, le jus du citron jaune et 1 pincée de sel.

4. Écrasez les pommes de terre avec le beurre coupé en morceaux et un peu d'aneth avant de servir.

MERLAN AUX POIVRONS CONFITS

4 personnes

5 MIN

16 MIN

ingrédients

4 filets de merlan

3 c. à s. d'huile d'olive

5 tomates séchées

1 oignon

1 c. à s. d'ail en poudre

4 poivrons rouges

1 c. à c. de cumin

2 c. à s. de sucre roux

3 c. à s. de concentré de tomate

1/4 de citron confit

Le jus de 1 citron

2 oignons nouveaux

1. Programmez le Cookeo sur le **mode dorer** puis faites revenir dans l'huile l'oignon ciselé avec l'ail et les poivrons pendant 3 minutes.

2. Ajoutez le reste des ingrédients à l'exception du poisson et des oignons nouveaux. Complétez avec 20 cl d'eau puis lancez le **mode cuisson sous pression** pour 10 minutes.

3. Enroulez délicatement les filets de merlan et piquez-les avec des cure-dents pour les maintenir. Déposez-les dans la cuve et lancez le **mode cuisson sous pression** pour 3 minutes .

4. Servez avec un trait de jus de citron et un peu d'oignons nouveaux ciselés.

Astuce : *cette recette peut aussi être réalisée avec du dos de cabillaud. Pour cela, allongez le temps de cuisson du poisson à 4 minutes.*

ingrédients

4 poireaux
100 g de beurre

20 cl de vin blanc

20 cl de crème épaisse entière

4 tranches de saumon fumé
2 c. à s. d'huile d'olive

250 g de tagliatelles

Aneth frais

FONDUE DE POIREAUX AU SAUMON FUMÉ

4 personnes

10 MIN

17 MIN

1. Séparez le blanc du vert des poireaux. Programmez le Cookeo sur le **mode dorer** et faites revenir 2 minutes le blanc émincé dans le beurre. Salez et ajoutez le vin blanc et la crème, puis programmez le **mode cuisson sous pression** de 10 minutes.

2. Débarrassez la fondue, nettoyez la cuve et enclenchez le **mode dorer**. Faites chauffer un peu d'huile et faites griller le vert des poireaux coupé en julienne.

3. Placez les pâtes dans le Cookeo et couvrez à moitié d'eau. Ajoutez 1 pincée de sel, puis programmez le **mode cuisson sous pression** pour la moitié du temps indiqué sur le paquet.

4. Mélangez les pâtes à la fondue, puis ajoutez le saumon et les poireaux grillés. Terminez en parsemant un peu d'aneth.

ingrédients

4 pavés de saumon

180 g de riz rond à dessert
45 cl de lait demi-écrémé

45 cl de lait de coco

1/2 mangue
1/2 oignon rouge

1 petit concombre
Coriandre

1 poignée de copeaux de noix de coco
5 c. à s. d'huile d'olive

SAUMON GRILLÉ, SALSA À LA MANGUE ET RIZ COCO

4 personnes

10 MIN

15 MIN

1. Rincez le riz et versez-le dans la cuve du Cookeo. Ajoutez le lait et le lait de coco, 1 pincée de sel et lancez le **mode cuisson sous pression** pour 10 minutes.

2. Pelez et découpez la mangue, l'oignon et le concombre en petits cubes. Mélangez-les avec quelques feuilles de coriandre hachées, 3 cuillerées à soupe d'huile, quelques copeaux de noix de coco ainsi que 1 pincée de sel et de poivre pour réaliser la salsa. Débarrassez le riz une fois cuit et nettoyez la cuve.

3. Programmez le Cookeo sur le **mode dorer** et faites chauffer 2 cuillerées à soupe d'huile. Faites colorer les pavés de saumon pendant 5 minutes.

4. Servez le saumon avec le riz et la salsa à la mangue.

WATERZOÏ DE SAUMON ET BASILIC

ingrédients

2 blancs de poireau

3 carottes

1/4 de céleri-rave

40 g de beurre demi-sel

2 gousses d'ail

1/2 sachet de fumet de poisson

4 pavés de saumon

30 cl de crème liquide entière

Basilic

4 personnes

10 MIN

5 MIN

1. Épluchez et taillez en bâtonnets les poireaux, les carottes et le céleri.

2. Programmez le Cookeo sur le **mode dorer** et faites suer les légumes au beurre avec les gousses d'ail hachées.

3. Après 3 minutes, ajoutez le fumet et 25 cl d'eau. Disposez les pavés de saumon sur les légumes et enclenchez le **mode cuisson sous pression** pour 5 minutes.

4. Sortez le poisson de la cuve, ajoutez la crème aux légumes et parsemez de basilic frais juste avant de servir.

Astuce : *vous pouvez compléter ce repas avec du riz blanc.*

AÏOLI D'AVOCAT, LÉGUMES ET CABILLAUD VAPEUR

4 personnes

10 MIN

5 MIN

ingrédients

200 g de chou-fleur

200 g de carottes

300 g de pommes de terre grenailles

4 pavés de cabillaud

2 c. à s. d'huile d'olive

2 avocats

10 feuilles de basilic frais

2 gousses d'ail

Le jus de 1/2 citron

2 c. à s. de crème épaisse

1. Détaillez le chou-fleur en bouquets, les carottes en bâtonnets et coupez les pommes de terre en deux.

2. Disposez les légumes et le poisson dans le panier-vapeur du Cookeo. Versez un filet d'huile d'olive et assaisonnez l'ensemble puis lancez le **mode cuisson sous pression** pour 5 minutes.

3. Réalisez l'aïoli d'avocat en mixant la chair des avocats avec les 10 feuilles de basilic, l'ail haché, le jus de citron, la crème et 1 pincée de sel.

ingrédients

4 pavés de truite

50 cl d'huile d'olive

1 pincée de citronnelle séchée

1 pincée de poivre en grains

Estragon

100 g d'olives de bonne qualité

1 citron confit

2 échalotes

TRUITE CONFITE À L'HUILE, OLIVE ET ESTRAGON

4 personnes

5 MIN

20 MIN

1. Programmez le Cookeo sur le **mode maintien au chaud**. Versez l'huile ainsi que les différents aromates et épices dans la cuve.

2. Ajoutez les olives, le citron confit et les échalotes émincées puis déposez les pavés de truite.

3. Fermez le Cookeo et laissez confire 15 à 20 minutes selon l'épaisseur des pavés.

4. Servez les pavés et les olives bien égouttées avec quelques pommes de terre vapeur, par exemple.

Astuce : *cette cuisson permet d'obtenir un poisson à la chair moelleuse. Vous pouvez également aromatiser l'huile de cuisson selon vos goûts.*

ingrédients

3 c. à s. d'huile d'olive
4 gousses d'ail

1 oignon

1 petit piment rouge

400 g de crevettes cuites et décortiquées

1 gros ananas

300 g de haricots rouges cuits

100 g de pois chiches cuits
20 cl de jus d'ananas
Coriandre fraîche
2 citrons verts

COCOTTE DE CREVETTES, HARICOTS ROUGES ET ANANAS

4 personnes

5 MIN

8 MIN

1. Dans le Cookeo sur le **mode dorer**, faites revenir dans l'huile l'ail haché, l'oignon ciselé et le piment entier. Ajoutez les crevettes, l'ananas coupé en cubes ainsi que les haricots et les pois chiches égouttés.

2. Faites revenir pendant 3 minutes puis versez le jus d'ananas, assaisonnez et lancez le **mode cuisson sous pression** pour 3 minutes.

3. Servez aussitôt avec un peu de coriandre hachée et quelques quartiers de citron vert.

ingrédients

400 g de miettes de crabe

2 œufs

3 c. à s. de mayonnaise

Le jus de 1/2 citron
1 oignon rouge
Persil frais
6 c. à s. de chapelure
3 c. à s. d'huile d'olive

2 avocats

1 mangue
1 pamplemousse
1 sachet de roquette

CRAB CAKES, SALADE D'AVOCAT, MANGUE ET PAMPLEMOUSSE

4 personnes

15 MIN

8 MIN

1. Mélangez dans un grand bol les miettes de crabe égouttées, les œufs, la mayonnaise, le jus de citron, l'oignon ciselé, un peu de persil haché et la chapelure. Assaisonnez puis formez des galettes.

2. Préchauffez le Cookeo sur le **mode dorer** et faites colorer les crab cakes dans l'huile pendant 1 minute de chaque côté.

3. Pelez et dénoyautez les avocats. Coupez-les, ainsi que la mangue, en cubes. Coupez le pamplemousse en quartiers. Mélangez l'avocat, la mangue et le pamplemousse avec la roquette.

4. Servez la salade avec les crab cakes et une vinaigrette classique.

ingrédients

500 g de mélange de fruits de mer congelés
2 échalotes
2 gousses d'ail

400 g de petites pâtes
25 cl de vin blanc sec

30 cl de coulis de tomate

4 tomates
1/2 sachet de préparation pour court-bouillon

3 c. à s. d'huile d'olive

RISOTTO DE PETITES PÂTES AUX FRUITS DE MER

4 personnes

5 MIN

10 MIN

1. Programmez le Cookeo sur le **mode dorer** et faites suer les échalotes et l'ail haché dans l'huile d'olive. Ajoutez les fruits de mer décongelés et poursuivez 3 minutes.

2. Ajoutez les pâtes et faites-les revenir avec le reste des ingrédients pendant quelques minutes puis versez le vin blanc. Ajoutez le coulis de tomate et le court-bouillon, puis complétez avec 80 cl d'eau.

3. Lancez le **mode cuisson sous pression** pour la moitié du temps de cuisson indiqué sur le paquet de pâtes.

4. Enclenchez le **mode maintien au chaud** puis ajoutez les tomates coupées en dés et assaisonnez avec du sel et du poivre. Rectifiez la consistance du risotto à votre goût en ajoutant un peu de coulis de tomate si besoin.

Plats végétariens

ingrédients

2 courgettes

1 aubergine

2 poivrons jaunes

4 c. à s. d'huile d'olive

25 cl de coulis de tomate

1 petit bocal d'artichauts à l'huile

2 sucrines

150 g de feta

4 galettes pour wraps

Thym

1 citron

WRAPS FARCIS À LA FETA ET AUX LÉGUMES DU SUD

4 personnes

10 MIN

8 MIN

1. Lavez les légumes. Coupez les courgettes et l'aubergine en cubes, et les poivrons en lanières.

2. Dans le Cookeo sur le **mode dorer**, faites revenir les légumes dans l'huile d'olive pendant 5 minutes. Assaisonnez puis ajoutez le coulis de tomate et programmez le **mode cuisson sous pression** pour 3 minutes.

3. Égouttez les cœurs d'artichaut et recoupez-les en quartiers, puis détachez les feuilles des sucrines et coupez la feta en cubes.

4. Déposez au centre des galettes quelques feuilles de sucrine, un peu de légumes, quelques morceaux d'artichauts et de feta, puis saupoudrez de thym. Refermez les wraps et ajoutez un trait de jus de citron au moment de déguster.

ingrédients

2 c. à s. d'huile d'olive
1 oignon
2 c. à c. de cumin
2 c. à c. d'origan

2 courgettes

150 g de pois gourmands

1 botte d'asperges vertes

1 sachet de pousses d'épinard
aneth frais

4 œufs
Baies roses

COMPOTÉE DE LÉGUMES VERTS AUX ŒUFS

4 personnes

5 MIN

20 MIN

1. Programmez le Cookeo sur le **mode dorer** et faites revenir dans l'huile l'oignon émincé avec les épices. Ajoutez les courgettes coupées en cubes, les pois gourmands, les pointes d'asperges et leurs tiges coupées en rondelles.

2. Complétez avec 10 cl d'eau et 1 pincée de sel puis lancez le **mode cuisson sous pression** pour 3 minutes. Ajoutez les épinards et mélangez. Formez 4 creux entre les légumes et cassez-y les œufs.

3. Passez sur le **mode maintien au chaud** pour 15 minutes avec le couvercle fermé.

4. Ajoutez un peu d'aneth ciselé et quelques baies roses au moment de servir.

ingrédients

4 c. à s. d'huile d'olive
2 gousses d'ail

4 cm de gingembre

3 carottes

300 g de lentilles corail

2 c. à s. de mélange d'épices indiennes

20 cl de coulis de tomate
20 cl de lait de coco

1 petite boîte de pois chiches
Coriandre fraîche

DAHL DE LENTILLES ET CAROTTES

4 personnes

5 MIN

10 MIN

1. Programmez le Cookeo sur le **mode dorer** et faites revenir dans l'huile l'ail haché, le gingembre râpé et les carottes pelées et coupées en petits cubes.

2. Versez les lentilles et ajoutez les épices. Mélangez le tout, faites suer pendant 2 minutes puis ajoutez le coulis de tomate, le lait de coco et 70 cl d'eau. Lancez le **mode cuisson sous pression** pour 8 minutes.

3. Terminez avec les pois chiches égouttés et quelques feuilles de coriandre.

ingrédients

200 g de petits pois écossés

100 g de courgettes

25 cl de crème liquide entière

150 g de fromage de chèvre frais

2 œufs

Menthe fraîche

FLAN COURGETTE-PETITS POIS CHÈVRE-MENTHE

4 personnes

5 MIN

24 MIN

1. Placez les petits pois et les courgettes coupées en cubes dans le panier-vapeur du Cookeo. Versez 20 cl d'eau et programmez le **mode cuisson sous pression** pour 4 minutes. Réservez un quart des petits pois.

2. Lancez le **mode dorer** et faites chauffer la crème avec le chèvre, 1 pincée de sel et les légumes, puis mixez le tout pour obtenir une purée lisse.

3. Dans un grand bol, mélangez la purée aux œufs battus, ajoutez la crème au fromage et quelques feuilles de menthe ciselées puis poivrez.

4. Répartissez dans 4 ramequins, filmez-les et placez-les dans la cuve du Cookeo. Versez 20 cl d'eau puis lancez le **mode cuisson sous pression** pour 20 minutes. Ajoutez les petits pois réservés au moment de servir.

Astuce : *utilisez des petits pois écossés congelés pour aller plus vite.*

CURRY DE POIS CHICHES
AUX ÉPINARDS

4 personnes

5 MIN

22 MIN

ingrédients

200 g de lentilles vertes

1 oignon

2 gousses d'ail

4 cm de gingembre

500 g de pois chiches

50 cl de crème de coco

4 c. à s. de pâte de curry doux (type korma)

200 g de pousses d'épinard

1 cube de bouillon de légumes

4 c. à s. de concentré de tomate

1 piment

Coriandre

1 citron vert

3 c. à s. d'huile de tournesol

1. Versez les lentilles dans la cuve du Cookeo avec 35 cl d'eau, puis lancez le **mode cuisson sous pression** pour 12 minutes. Débarrassez et nettoyez la cuve.

2. Programmez le Cookeo sur le **mode dorer**. Faites revenir l'oignon ciselé, l'ail haché et le gingembre râpé dans l'huile.

3. Ajoutez la pâte de curry et les pois chiches égouttés et rincés, puis ajoutez les autres ingrédients à l'exception des épinards, du citron et de la coriandre.

4. Lancez le **mode cuisson sous pression** pour 5 minutes puis le **mode maintien au chaud**. Ajoutez les pousses d'épinard.

5. Servez aussitôt avec un peu de coriandre hachée et un quartier de citron vert.

MIJOTÉ DE CHAMPIGNONS ET QUINOA

4 personnes

10 MIN

25 MIN

ingrédients

800 g de champignons divers

1 branche de céleri

3 c. à s. d'huile d'olive

2 oignons

2 carottes

4 gousses d'ail

3 c. à s. de farine

25 cl de vin rouge

3 tomates

3 feuilles de sauge

3 c. à s. de quinoa

2 cubes de bouillon de légumes

1. Programmez le Cookeo sur le **mode dorer** et faites revenir dans l'huile les oignons ciselés avec l'ail haché, le céleri émincé et les carottes coupées en dés.

2. Ajoutez les champignons lavés et taillés puis faites revenir l'ensemble pendant 5 minutes.

3. Saupoudrez la farine et mélangez pour bien enrober, puis versez le vin.

4. Ajoutez les tomates coupées en dés, la sauge, le quinoa, les cubes de bouillon et versez de l'eau jusqu'aux deux tiers de la cuve. Faites cuire en **mode cuisson sous pression** pendant 15 minutes.

ingrédients

1 oignon

300 g de fèves pelées

1 botte de cresson

2 bottes d'asperges vertes

200 g de quinoa

2 pamplemousses roses

POÊLÉE DE QUINOA AUX ASPERGES ET PAMPLEMOUSSE

4 personnes

10 MIN

10 MIN

1. Pelez les tiges des asperges. Coupez les pointes, puis émincez les tiges. Coupez le pamplemousse en petits morceaux, en prenant soin de retirer les membranes blanches.

2. Programmez le Cookeo sur le **mode dorer** et faites revenir dans l'huile l'oignon émincé, les asperges et les fèves.

3. Après 2 minutes de cuisson, ajoutez le quinoa et faites revenir rapidement le tout. Couvrez d'eau, salez, poivrez, et lancez le **mode cuisson sous pression** pour 5 minutes.

4. Servez avec les morceaux de pamplemousse et le cresson préalablement rincé.

ingrédients

1 botte de carottes primeur

1 botte de navets primeur

150 g de pommes de terre grenailles

70 g de beurre demi-sel

2 branches de céleri

1 botte de radis ronds

200 g de fèves

JARDINIÈRE DE LÉGUMES

4 personnes

10 MIN

8 MIN

1. Lavez et épluchez les carottes et les navets en conservant les premières feuilles. Coupez les pommes de terre en deux et les navets en quatre.

2. Programmez le Cookeo sur le **mode dorer** et faites fondre le beurre puis faites revenir les pommes de terre pendant 2 minutes.

3. Ajoutez le céleri émincé, les carottes et les navets et poursuivez pendant 3 minutes.

4. Ajoutez les radis et les fèves puis salez et poivrez. Versez 15 cl d'eau et lancez le **mode cuisson sous pression** pour 3 minutes.

Astuce : *pour une version non végétarienne, ajoutez quelques lardons fumés dès le début avec les pommes de terre.*

ingrédients

200 g de petits pois écossés
4 c. à s. d'huile de tournesol

2 oignons nouveaux

1/2 chou chinois

400 g de champignons de Paris

3 carottes
8 c. à s. de sauce soja

200 g d'Ebly®
1 cube de bouillon de légumes

EBLY® FAÇON RIZ SAUTÉ

4 personnes

10 MIN

12 MIN

1. Faites cuire les petits pois pendant 3 minutes sur le **mode cuisson sous pression** avec 25 cl d'eau dans la cuve du Cookeo, puis plongez-les dans un saladier d'eau froide.

2. Programmez le Cookeo sur le **mode dorer**. Faites revenir dans l'huile les oignons ciselés, le chou émincé, les champignons coupés en quartiers et les carottes coupées finement. Assaisonnez avec la sauce soja et poursuivez la cuisson pendant 3 minutes.

3. Ajoutez le blé et le cube de bouillon puis versez 40 cl d'eau dans la cuve. Enclenchez le **mode cuisson sous pression** pour 5 minutes.

4. Passez en mode **maintien au chaud** et ajoutez les petits pois égouttés.

ingrédients

4 courgettes

2 gousses d'ail

6 c. à s. de pesto

300 g de tomates cerises multicolores

2 boules de mozzarella crémeuse

Basilic

3 c. à s. d'huile d'olive

SPAGHETTIS DE COURGETTE, MOZZARELLA ET TOMATES CERISES

4 personnes

10 MIN

6 MIN

1. Lavez les courgettes puis formez des spaghettis à l'économe.

2. Programmez le Cookeo sur le **mode dorer** et faites revenir l'ail haché dans l'huile.

3. Ajoutez le pesto, les tomates et les spaghettis de courgette, puis faites revenir le tout pendant 5 minutes.

4. Servez les légumes avec une demi-boule de mozzarella par personne et quelques feuilles de basilic.

ingrédients

2 grosses tomates

2 branches de céleri

2 oignons
2 c. à s. de cassonade

2 aubergines
35 cl de coulis de tomate

80 g d'olives noires
50 g de raisins blonds

Pain de campagne
60 g de pignons de pin
8 c. à s. d'huile d'olive
Basilic

CAPONATA AUBERGINE-TOMATE-OLIVE

4 personnes

5 MIN

15 MIN

1. Programmez le Cookeo sur le **mode dorer**. Faites colorer les pignons de pin dans la cuve sans matières grasses, puis réservez-les.

2. Toujours en **mode dorer**, faites revenir dans 2 cuillerées à soupe d'huile les oignons ciselés, le céleri émincé et les tomates coupées en cubes. Ajoutez la cassonade et réservez après 3 minutes.

3. Versez le reste de l'huile dans la cuve et faites revenir les aubergines coupées en cubes moyens pendant 5 minutes sur le **mode dorer.** Ajoutez les légumes réservés et complétez avec le coulis de tomate, 10 cl d'eau, les olives et les raisins. Lancez le **mode cuisson sous pression** de 5 minutes.

4. Tranchez le pain et servez la caponata à tartiner avec quelques feuilles de basilic et les pignons de pin grillés.

ingrédients

1 petit brocoli

300 g de pommes de terre amandines

1/2 céleri boule

300 g de cantal

Huile de tournesol

TRUFFADE DE LÉGUMES AU CANTAL

4 personnes

10 MIN

20 MIN

1. Détaillez les bouquets du brocoli et déposez-les dans le panier-vapeur. Versez 20 cl d'eau dans la cuve et lancez en **mode cuisson sous pression** pour 3 minutes.

2. Programmez le Cookeo sur le **mode dorer** et faites chauffer l'huile. Faites sauter les pommes de terre et le céleri découpés en lamelles pendant 15 minutes environ, en mélangeant de temps en temps.

3. Vérifiez la cuisson avec la pointe d'un couteau puis ajoutez les brocolis et le cantal coupé en copeaux.

4. Enrobez bien l'ensemble et servez lorsque le fromage est bien fondu.

ingrédients

800 g de patates douces
5 c. à s. d'huile de tournesol
1 c. à c. de cannelle

3 c. à s. de miel

150 g de gorgonzola
25 cl de crème liquide entière

2 petites trévises

60 g de cerneaux de noix
2 c. à c. de fleur de sel

PATATES DOUCES GRILLÉESET SAUCE GORGONZOLA

4 personnes

10 MIN

15 MIN

1. Mélangez les patates douces pelées et coupées en cubes avec l'huile, la fleur de sel, la cannelle et le miel. Programmez le Cookeo sur le **mode dorer** et faites revenir le tout pendant 10 minutes en mélangeant de temps en temps. Ajoutez 15 cl d'eau et lancez le **mode cuisson sous pression** pour 3 minutes.

2. Égouttez et débarrassez les patates douces puis nettoyez la cuve. Versez le gorgonzola coupé en morceaux et la crème dans la cuve, et programmez le **mode dorer** pour faire fondre le tout.

3. Émincez la salade et concassez les noix. Mélangez le tout avec les patates douces.

4. Servez les patates douces nappées de crème de gorgonzola.

Astuce : *si vous n'appréciez pas l'amertume de la trévise, remplacez-la par de l'endive, tout aussi croquante et plus douce.*

ingrédients

3 pommes de terre moyennes
50 g de beurre demi-sel

3 œufs

80 g d'emmental râpé
30 cl de crème liquide entière

2 c. à c. de curry moulu

1 botte de blettes

1 échalote

FLAN BLETTES ET POMMES DE TERRE À L'EMMENTAL

4 personnes

5 MIN

31 MIN

1. Pelez et coupez en cubes les pommes de terre puis placez-les dans le panier-vapeur du Cookeo. Versez 20 cl d'eau et lancez le **mode cuisson sous pression** pour 8 minutes.

2. Mélangez les œufs battus avec l'emmental, la crème, 1 pincée de sel, 1 pincée de poivre et du curry. Lavez les feuilles de blette et ciselez l'échalote.

3. Programmez le Cookeo sur le **mode dorer** et faites suer dans le beurre fondu l'échalote et les feuilles de blette pendant 3 minutes.

4. Mélangez l'appareil à flan avec les pommes de terre et les blettes puis répartissez dans 4 ramequins et filmez-les. Placez-les dans la cuve du Cookeo avec 20 cl d'eau et lancez le **mode cuisson sous pression** pour 20 minutes.

Astuce : *pour utiliser les côtes des blettes, émincez-les et faites-les revenir au beurre avec quelques lardons. Ajoutez de la crème et laissez cuire pendant 5 minutes. Faites gratiner au four avec un peu d'emmental.*

ingrédients

250 g de macaronis

250 g de courge

150 g de cheddar

150 g de fromage fumé
2 c. à s. d'huile d'olive
40 g de beurre
40 g de farine

60 cl de lait

Thym frais

MAC 'N' CHEESE FUMÉ À LA COURGE BUTTERNUT

4 personnes

5 MIN

12 MIN

1. Versez les macaronis dans la cuve du Cookeo et couvrez-les d'eau. Lancez une le **mode cuisson sous pression** en divisant le temps de cuisson indiqué sur le paquet par deux. Pendant ce temps, râpez la courge et les fromages.

2. Débarrassez les pâtes puis programmez le Cookeo sur le **mode dorer**. Faites revenir la courge râpée dans l'huile pendant 3 minutes avant de débarrasser.

3. Toujours sur le **mode dorer**, réalisez la béchamel : faites fondre le beurre puis saupoudrez la farine et mélangez. Incorporez petit à petit le lait et terminez par les fromages. Ajoutez la courge râpée et les macaronis puis enrobez le tout de béchamel.

4. Saupoudrez le thym au moment de servir.

Astuce : *il existe plusieurs sortes de fromages fumés tels que la scamorza, le Brézain® etc.*

ingrédients

400 g de torsades

200 g de fèves écossées

200 g de petits pois écossés

50 g de pousses d'épinard

35 cl de crème épaisse

Parmesan râpé

TORSADES
AUX FÈVES, PETITS POIS ET ÉPINARDS

4 personnes

5 MIN

10 MIN

1. Versez les pâtes dans la cuve du Cookeo et couvrez d'eau. Lancez en **mode cuisson sous pression** pour la moitié du temps indiqué sur le paquet.

2. Placez les fèves et les petits pois dans le panier-vapeur du Cookeo. Versez 20 cl d'eau dans la cuve et lancez le **mode cuisson sous pression** pour 5 minutes.

3. Mixez la moitié des légumes cuits avec la crème et la moitié du parmesan. Salez et poivrez.

4. Enrobez les pâtes de crème puis ajoutez le reste des légumes et de parmesan ainsi que les épinards.

Astuce : *n'hésitez pas à utiliser des légumes congelés pour gagner en rapidité.*

Moulinex
cookeo
ok

ingrédients

2 oignons rouges
10 cl d'huile d'olive

200 g de semoule moyenne

80 g d'amandes non mondées

Coriandre fraîche

Persil frais

Menthe fraîche
100 g de parmesan râpé
1 gousse d'ail

SEMOULE VERTE AU PESTO D'HERBES

4 personnes

10 MIN

4 MIN

1. Programmez le Cookeo sur le **mode dorer** et faites revenir la moitié des oignons rouges ciselés dans 2 cuillerées à soupe d'huile. Réservez.

2. Versez la semoule et faites nacrer puis ajoutez 40 cl d'eau. Lancez en **mode cuisson sous pression** pour 2 minutes.

3. Réalisez un pesto avec le reste de l'huile, les amandes, quelques brins de chaque herbe, le parmesan et la gousse d'ail hachée. Pour éviter un pesto trop épais, ajoutez 3 cuillerées à soupe d'eau.

4. Mélangez le pesto à la semoule, assaisonnez bien avec le sel et le poivre, puis ajoutez le reste des oignons ciselés.

Astuce : *pour une touche d'originalité, essayez le mélange semoule verte et grenade.*

ingrédients

1 oignon
3 c. à s. d'huile d'olive

200 g d'orge perlé

Une dizaine de tomates confites

20 cl de vin blanc

20 cl de coulis de tomate

1 cube de bouillon de légumes

1 bocal de poivrons grillés

60 g de noix de cajou salées + pour le dressage

1 gousse d'ail

Persil frais

RISOTTO D'ORGE
À LA TOMATE CONFITE, SAUCE AUX POIVRONS

4 personnes

5 MIN

20 MIN

1. Programmez le Cookeo sur le **mode dorer** et faire revenir l'oignon ciselé dans l'huile puis ajoutez l'orge perlé.

2. Ajoutez les tomates confites coupées en dés puis versez le vin blanc. Laissez s'évaporer le vin pendant quelques minutes puis ajoutez 45 cl d'eau, le coulis de tomate et le cube de bouillon. Lancez en **mode cuisson sous pression** pour 15 minutes.

3. Pendant ce temps, réunissez les poivrons égouttés, les noix de cajou, la gousse d'ail hachée et 5 cuillerées à soupe d'eau dans un petit blender. Mixez pour obtenir une sauce crémeuse puis assaisonnez et ajoutez un peu de persil haché.

4. Assaisonnez le risotto d'orge avec la sauce aux poivrons et ajoutez quelques noix de cajou et un peu de persil au moment de servir.

SARRASIN CRÉMEUX, PESTO DE BROCOLI ET CITRON

4 personnes

10 MIN

20 MIN

ingrédients

1 petit brocoli

1 échalote
60 g de beurre

200 g de sarrasin

15 cl de vin blanc
1 cube de bouillon de volaille
4 c. à s. d'amandes hachées
10 cl de crème épaisse

100 g de parmesan
1 citron jaune bio

1. Détaillez les bouquets du brocoli et disposez-les dans le panier-vapeur du Cookeo. Versez 20 cl d'eau dans la cuve et lancez le **mode cuisson sous pression** pour 5 minutes. Plongez les brocolis dans un saladier d'eau froide pour les refroidir.

2. Programmez le Cookeo sur le **mode dorer** et faites suer l'échalote dans le beurre moussant. Ajoutez le sarrasin, mélangez puis versez le vin blanc. Ajoutez le cube de bouillon et complétez avec 40 cl d'eau.

3. Lancez le **mode cuisson sous pression** de 12 minutes.

4. Mixez les brocolis égouttés avec les amandes hachées, la crème, le parmesan et 1 pincée de sel.

5. Assaisonnez le sarrasin avec la crème de brocoli et servez avec un peu de parmesan et quelques zestes de citron.

POLENTA
À LA COURGE ET AUX NOISETTES

ingrédients

1 échalote

400 g de courge

3 c. à s. d'huile de noisette + pour le dressage

2 c. à c. de curcuma moulu

1 bâton de cannelle

1 c. à s. de ras-el-hanout

200 g de polenta instantanée

2 cubes de bouillon de volaille

50 g de beurre demi-sel

100 g de parmesan

60 g de noisettes

4 personnes

10 MIN

12 MIN

1. Programmez le Cookeo sur le **mode dorer** et faites revenir l'échalote ciselée et la courge râpée dans l'huile pendant 3 minutes.

2. Ajoutez les épices et poursuivez la cuisson pendant 1 minute.

3. Versez la polenta, ajoutez les cubes de bouillon émiettés, le beurre et versez 1 litre d'eau. Mélangez et lancez le **mode cuisson sous pression** pour 8 minutes.

4. Servez avec le parmesan râpé, quelques noisettes concassées et un filet d'huile de noisette.

Astuce : si vous en trouvez, utilisez du curcuma frais. Une fois pelé, râpez-le comme du gingembre. Attention aux doigts, ça tache !

ingrédients

200 g de haricots blancs (en boîte)

2 courgettes

2 poivrons rouges

2 gousses d'ail

2 c. à s. d'huile d'olive

1 botte d'asperges vertes

1 c. à s. de ras-el-hanout

1 c. à s. de cumin moulu

Persil frais

Menthe fraîche

TAJINE DE LÉGUMES PRINTANIERS

4 personnes

10 MIN

7 MIN

1. Programmez le Cookeo sur le **mode dorer** et faites revenir l'ail haché dans l'huile chaude.

2. Ajoutez les haricots égouttés, les courgettes et les poivrons coupés en cubes, les pointes d'asperges ainsi que leurs tiges coupées en rondelles.

3. Couvrez à mi-hauteur d'eau, saupoudrez les épices et ajoutez 1 pincée de sel. Lancez le **mode cuisson sous pression** pour 7 minutes.

4. Servez avec le persil et la menthe.

Astuce : *pour un repas plus complet, servez avec 200 g de semoule ou de boulgour cuit.*

Index

TABLE DES ÉQUIVALENCES FRANCE-CANADA

Poids

55 g	2 onces	200 g	7 onces	500 g	17 onces
100 g	3 onces	250 g	9 onces	750 g	26 onces
150 g	5 onces	300 g	10 onces	1 kg	35 onces

Ces équivalences permettent de calculer le poids à quelques grammes près (en réalité, 1 once = 28 g).

Capacités

25 cl	1 tasse	75 cl	3 tasses
50 cl	2 tasses	1 l	4 tasses

Pour faciliter la mesure des capacités, une tasse équivaut ici à 25 cl (en réalité, 1 tasse = 8 onces = 23 cl).

Pages 59, 71 et 135 : photographies de Delphine Constantini.

Les Éditions Dessain et Tolra utilisent des papiers composés de fibres naturelles, renouvelables, recyclables et fabriquées à partir de bois issus de forêts qui adoptent un système d'aménagement durable. En outre, les Éditions Dessain et Tolra attendent de leurs fournisseurs de papier qu'ils s'inscrivent dans une démarche de certification environnementale reconnue.

ISBN : 978-2-29-500889-3
Photogravure IGS-CP, 16 L'Isle d'Espagnac
Imprimé en Espagne par Grafica Cayfosa
Dépôt légal : août 2018
321854/01 – 11038299 – juin 2018

PAPIER À BASE DE FIBRES CERTIFIÉES

Dessain & tolra s'engage pour l'environnement en réduisant l'empreinte carbone de ses livres. Celle de cet exemplaire est de :

1,2 kg éq. CO_2